ORACIONES Y PRÁCTICAS CATÓLICAS

incluyendo
EL ORDINARIO DE LA MISA

CATHOLIC PRAYERS AND PRACTICES

including
THE ORDER OF MASS

PETER M. ESPOSITO
Presidente
President

JO ROTUNNO
Editora
Publisher

RCL Benziger®
Cincinnati, Ohio

AGRADECIMIENTOS

NIHIL OBSTAT
Reverendo Robert M. Coerver
Censor Librorum

IMPRIMATUR
+ Reverendísimo Kevin J. Farrell DD
Obispo de Dallas
26 de octubre, 2012

El Nihil Obstat e Imprimatur son declaraciones oficiales que el material revisado está exento de errores doctrinales o morales. No es implícito que los otorgantes del Nihil Obstat e Imprimatur estén de acuerdo con el contenido, opiniones o declaraciones expresadas.

Envíe sus preguntas a:
RCL Benziger
8805 Governor's Hill Drive
Suite 400
Cincinnati, Ohio 45249

Línea gratis 877-275-4725
Fax 800-688-8356
Visítenos en: **RCLBenziger.com**

978-0-7829-1646-1
(Oraciones y Prácticas Católicas)

2da Edición
Febrero de 2013

Editora Asociada: Anne Battes
Editor multicultural: Francisco Castillo
Cubierta y diseño: Mary Wessel

AGRADECIMIENTOS
Pasajes de la edición en Inglés tomados o adaptados de la traducción al Inglés del *Roman Missal* © 2010 ICEL, la traducción al Inglés del acto de contrición del *Rite of Penance* © 1974, ICEL, la traducción en Inglés de *A Book of Prayers* © 1982, ICEL; *Catholic Household Blessings and Prayers* (revised edition) © 2007, Conferencia de Obispos Católicos, Washington, DC Todos los derechos reservados.

Porciones de partes de la misa en español fueron tomados del *Misal Romano* 7a Edición, Derechos © Reservados, Conferencia Episcopal Mexicana, 1993.

Clip Art del Año A, B, C
por Steve Erspamer © 1993.
Arquidiócesis de Chicago:
Liturgy Training Publications.
www.LTP.org
3949 S. Racine Ave. Chicago, IL. 60609.
Todos los derechos reservados.
Usado con permiso.

CREDITS AND ACKNOWLEDGMENTS

NIHIL OBSTAT
Reverend Robert M. Coerver
Censor Librorum

IMPRIMATUR
+ Most Reverend Kevin J. Farrell DD
Bishop of Dallas
October 26, 2012

The Nihil Obstat and Imprimatur are official declarations that the material reviewed is free of doctrinal or moral error. No implication is contained therein that those granting the Nihil Obstat and Imprimatur agree with the contents, opinions, or statements expressed.

Send all inquiries to:
RCL Benziger
8805 Governor's Hill Drive
Suite 400
Cincinnati, Ohio 45249

Toll Free 877-275-4725
Fax 800-688-8356
Visit us at **RCLBenziger.com**

978-0-7829-1646-1
(Catholic Prayers and Practices)

2nd Printing
February 2013

Associate Publisher: Anne Battes
Multicultural Editor: Francisco Castillo
Cover and Page Design: Mary Wessel

ACKNOWLEDGMENTS
Excerpts are taken or adapted from the English translation of the *Roman Missal* © 2010 ICEL; the English translation of the Act of Contrition from *Rite of Penance* © 1974, ICEL; the English translation of *A Book of Prayers* © 1982, ICEL; *Catholic Household Blessings and Prayers* (revised edition) © 2007, United States Conference of Catholic Bishops, Washington, D.C. All rights reserved.

Excerpts for the parts of the Mass in Spanish were taken from *Misal Romano* 7a Edición, Derechos © Reservados, Conferencia Episcopal Mexicana, 1993.

Clip Art for Year A, B, C
by Steve Erspamer © 1993.
Archdiocese of Chicago:
Liturgy Training Publications.
www.LTP.org
3949 S. Racine Ave. Chicago, IL. 60609.
All rights reserved.
Used with permission.

Queridos Hermanos en Cristo,

Este pequeño libro, *Oraciones y Prácticas Católicas*, que incluye El Ordinario de la Misa, contiene prácticas y oraciones tradicionales que nos unen como católicos. El libro está diseñado para ayudarlos en su vida de fe y puede asistirlos en ayudar a los miembros más jóvenes de nuestra Iglesia a aprender, crecer y vivir como miembros activos de la comunidad católica.

Este recurso puede usarse para oración privada, familiar o comunitaria. La sección del Ordinario de la Misa, en idioma inglés, incorpora el lenguaje de las revisiones del Misal Romano.

Compartan la fe dando copias de este libro a los demás. De este modo, comparten en el ministerio de nuestro Señor Jesucristo quien nos llamó a ser sus discípulos y a compartir la Buena Nueva con todos.

La paz sea con ustedes,

RCL Benziger

RCLBenziger.com

Dear Friends in Christ,

This small book, *Catholic Prayers and Practices* including The Order of Mass, contains traditional practices and prayers that unite us as Catholics. It is designed to support you in your faith life, and it can assist you in helping the younger members of our Church learn, grow, and live as active members of the Catholic community.

This resource can be used for private, family or communal prayer. The Order of Mass section incorporates the language of the revised Roman Missal.

Share the faith by giving copies of this book to others. In this way you are sharing in the ministry of our Lord, Jesus Christ, who called us to be his disciples and to share the Good News with all people.

Peace be with you,

RCL Benziger

RCLBenziger.com

Oraciones y Prácticas CATÓLICAS

incluyendo El Ordinario de la Misa

La Señal de la Cruz

Señal de la cruz
En el nombre del Padre
y del Hijo
y del Espíritu Santo.
Amén.

Gloria al Padre (Doxología)

Gloria al Padre
y al Hijo
y al Espíritu Santo.
Como era en el principio,
ahora y siempre,
por los siglos de los siglos. Amén.

Padre Nuestro

Padre nuestro, que estás en
el cielo,
santificado sea tu Nombre;
venga a nosotros tu reino;
hágase tu voluntad
en la tierra como en el cielo.
Danos hoy nuestro pan de
cada día;
perdona nuestras ofensas,
como también nosotros
perdonamos
a los que nos ofenden;
no nos dejes caer en la tentación,
y líbranos del mal.
Amén.

Invocación al Espíritu Santo

Ven, Espíritu Santo,
llena los corazones de tus fieles,
y enciende en ellos el fuego de
tu amor.
Envía tu Espíritu Creador
y renueva la faz de la tierra.
Amén.

Ave María

Dios te salve, María, llena eres
de gracia;
el Señor es contigo.
Bendita tú eres entre todas
las mujeres,
y bendito es el fruto de tu
vientre, Jesús.
Santa María, Madre de Dios,
ruega por nosotros, pecadores,
ahora y en la hora de nuestra
muerte.
Amén.

CATHOLIC
PRAYERS AND PRACTICES
including THE ORDER OF MASS

The Sign of the Cross
In the name of the Father,
and of the Son,
and of the Holy Spirit. Amen.

Glory Be (Doxology)
Glory be to the Father
and to the Son
and to the Holy Spirit,
as it was in the beginning
is now, and ever shall be
world without end. Amen.

Our Father (Lord's Prayer)
Our Father, who art in heaven,
hallowed be thy name;
thy kingdom come,
thy will be done
on earth as it is in heaven.
Give us this day our daily bread,
and forgive us our trespasses,
as we forgive those who
trespass against us;
and lead us not into temptation
but deliver us from evil.
Amen.

Prayer to the Holy Spirit
Come, Holy Spirit, fill the
hearts of your faithful.
And kindle in them the fire
of your love.
Send forth your Spirit and
they shall be created.
And you will renew the
face of the earth.

The Hail Mary
Hail, Mary, full of grace,
the Lord is with thee.
Blessed art thou among women
and blessed is the fruit of thy
womb, Jesus.
Holy Mary, Mother of God,
pray for us sinners,
now and at the hour of our death.
Amen.

Oración del Penitente
Dios mío, me arrepiento de todo corazón de
todo lo malo que hecho y de todo lo bueno
que he dejado de hacer, porque pecando te he
ofendido a ti, que eres el sumo bien y digno de
ser amado sobre todas las cosas.
Propongo firmemente, con tu gracia, cumplir
la penitencia, no volver a pecar y evitar las
ocasiones de pecado.
Perdóname, Señor, por los méritos de la pasión
de nuestro salvador Jesucristo.
Amén.

Acto de Fe
Señor Dios, creo firmemente
y confieso todas y cada una de las verdades
que la Santa Iglesia Católica propone,
porque tú las revelaste,
oh Dios, que eres la eterna Verdad y Sabiduría, que ni se engaña
ni nos puede engañar.
Quiero vivir y morir en esta fe.
Amén.

Acto de Esperanza

Señor Dios mío espero por tu gracia la remisión de todos mis pecados;
y después de esta vida,
alcanzar la eterna felicidad,
porque tú lo prometiste que eres
infinitamente poderoso,
fiel, benigno y lleno de misericordia.
Quiero vivir y morir en esta esperanza.
Amén.

Acto de Caridad
Dios mío, te amo sobre todas las cosas
y al prójimo por ti,
porque Tú eres el infinito,
sumo y perfecto Bien,
digno de todo amor.
Quiero vivir y morir en este amor.
Amén.

Act of Contrition

My God,
I am sorry for my sins
with all my heart.
In choosing to do wrong
and failing to do good,
I have sinned against you
whom I should love above all
things.
I firmly intend, with your help,
to do penance,
to sin no more,
and to avoid whatever leads
me to sin.
Our Savior Jesus Christ
suffered and died for us.
In his name, my God, have
mercy.

Act of Faith

O my God, I firmly believe that you are one God in three divine Persons, Father, Son, and Holy Spirit; I believe that your divine Son became man and died for our sins, and that he will come to judge the living and the dead. Amen.

Act of Hope

O my God, relying on your infinite goodness and promises, I hope to obtain pardon of my sins, the help of your grace, and life everlasting, through the merits of Jesus Christ, my Lord and Redeemer.
Amen.

Act of Love

O my God, I love you above all things, with my whole heart and soul, because you are all good and worthy of all my love.
I love my neighbor as myself
for the love of you.
I forgive all who have injured me
and I ask pardon of all whom
I have injured. Amen.

El Credo de Nicea

Creo en un solo Dios,
Padre Todopoderoso, Creador
del cielo y de la tierra, de todo lo
visible y lo invisible.
Creo en un solo Señor, Jesucristo,
Hijo
único de Dios,
nacido del Padre antes de
todos los siglos:
Dios de Dios, Luz de Luz,
Dios verdadero de Dios
verdadero,
engendrado, no creado,
de la misma naturaleza del Padre,
por quien todo fue hecho;
que por nosotros, los hombres,
y por nuestra salvación bajó
del cielo,

(En las palabras que siguen, hasta se hizo hombre, *todos se inclinan.)*

y por obra del Espíritu Santo
se encarnó de María, la Virgen, y
se hizo hombre;
y por nuestra causa fue
crucificado
en tiempos de Poncio Pilato,
padeció y fue sepultado,
y resucitó al tercer día, según las
Escrituras,
y subió al cielo, y está sentado
a la derecha del Padre;
y de nuevo vendrá con gloria
para juzgar a vivos y muertos,
y su reino no tendrá fin.
Creo en el Espíritu Santo, Señor y
dador de vida,
que procede del Padre y del Hijo,
que con el Padre y el Hijo
recibe una misma adoración
y gloria,
y que habló por los profetas.
Creo en la Iglesia,
que es una, santa, católica y
apostólica.
Confieso que hay un solo
bautismo
para el perdón de los pecados.
Espero la resurrección de los
muertos
y la vida del mundo futuro.
Amén.

Nicene Creed

I believe in one God,
the Father almighty,
maker of heaven and earth,
of all things visible and invisible.

I believe in one Lord Jesus Christ,
the Only Begotten Son of God,
born of the Father before all ages.
God from God, Light from Light,
true God from true God,
begotten, not made,
consubstantial with the Father;
through him all things were made.
For us men and for our salvation
he came down from heaven,

(At the words that follow, up to and including and became man, *all bow.)*

and by the Holy Spirit
was incarnate of the Virgin Mary,
and became man.

For our sake he was crucified under Pontius Pilate,
he suffered death and was buried,
and rose again on the third day
in accordance with the Scriptures.
He ascended into heaven
and is seated at the right hand of the Father.
He will come again in glory
to judge the living and the dead
and his kingdom will have no end.

I believe in the Holy Spirit, the Lord, the giver of life,
who proceeds from the Father and the Son,
who with the Father and the Son is adored and glorified,
who has spoken through the prophets.

I believe in one, holy, catholic and apostolic Church.
I confess one Baptism
for the forgiveness of sins
and I look forward to the resurrection of the dead
and the life of the world to come. Amen.

El Credo de los Apóstoles

Creo en Dios, Padre
Todopoderoso,
Creador del cielo y de la tierra.
Creo en Jesucristo, su único Hijo,
Nuestro Señor,

(En las palabras que siguen, hasta María Virgen, *todos se inclinan.)*

que fue concebido por obra y
gracia
del Espíritu Santo,
nació de Santa María Virgen,
padeció bajo el poder de
Poncio Pilato,
fue crucificado, muerto y
sepultado,
descendió a los infiernos,
al tercer día resucitó de entre
los muertos,
subió a los cielos
y está sentado a la derecha de
Dios, Padre todopoderoso.
Desde allí ha de venir a juzgar a
vivos y muertos.
Creo en el Espíritu Santo,
la santa Iglesia católica,
la comunión de los santos,
el perdón de los pecados,
la resurrección de la carne
y la vida eterna.
Amén.

Oración de la Mañana

Querido Dios,
al comenzar este día,
guárdame en tu amor y cuidado.
Ayúdame hoy a vivir como
hijo tuyo.
Bendíceme a mí, a mi familia
y mis
amigos en todo lo que hagamos.
Mantennos junto a ti.
Amén.

Oración Vespertina

Querido Dios,
te doy gracias por el día de hoy .
Mantenme a salvo durante
la noche.
Te agradezco por todo lo
bueno que hice hoy .
Y te pido perdón por hacer algo
que está mal.
Bendice a mi familia y a mis
amigos.
Amén.

Oración por las Vocaciones

Dios, sé que me llamarás
para darme una tarea especial
en mi vida.
Ayúdame a seguir a Jesús
cada día
y a estar listo para responder
a tu llamado.
Amén.

Apostles' Creed

I believe in God,
the Father almighty,
Creator of heaven and earth, and
in Jesus Christ,
his only Son, our Lord,

(At the words that follow, up to and including the Virgin Mary, *all bow.)*

who was conceived by the
Holy Spirit,
born of the Virgin Mary,
suffered under Pontius Pilate,
was crucified, died and was
buried;
he descended into hell;
on the third day he rose again
from the dead;
he ascended into heaven,
and is seated at the right hand
of God the Father almighty;
from there he will come to
judge the living and the dead.

I believe in the Holy Spirit,
the holy catholic Church,
the communion of saints,
the forgiveness of sins,
the resurrection of the body,
and life everlasting. Amen.

Morning Prayer

Dear God,
as I begin this day,
keep me in your love and care.
Help me to live as your child
today.
Bless me, my family,
and my friends in all we do.
Keep us all close to you. Amen.

Evening Prayer

Dear God,
I thank you for today.
Keep me safe throughout
the night.
Thank you for all the good
I did today.
I am sorry for what I have
chosen to do wrong.
Bless my family and friends.
Amen.

A Vocation Prayer

God, I know you will call me
for special work in my life.
Help me follow Jesus each day
and be ready to answer
your call.

Oración antes de comer
Bendícenos, Señor, junto con estos dones que vamos a recibir de tu generosidad, por Cristo
Nuestro Señor.
Amén.

Alabanzas al Santísimo Sacramento
Bendito sea Dios.
Bendito sea su Santo Nombre.
Bendito sea Jesucristo Dios y
hombre verdadero.
Bendito sea el Nombre de Jesús.
Bendito sea su Sacratísimo Corazón.
Bendita sea su Preciosísima Sangre.
Bendito sea Jesús en el Santísimo
Sacramento del Altar.
Bendito sea el Espíritu Santo
Paráclito.
Bendita sea la excelsa Madre de
Dios, María Santísima
Bendita sea su Santa e
Inmaculada Concepción.
Bendita sea su gloriosa Asunción.
Bendito sea el nombre de
Maria Virgen y Madre.
Bendito sea San José, su
castísimo esposo.
Bendito sea Dios en sus Ángeles
y en sus Santos.

Acción de gracias después de comer
Te damos gracias por todos
tus dones,
Dios todopoderoso, Tú que vives
y reinas ahora y siempre.
Amén.

Oración de San Francisco
Señor, haz de mí un instrumento
de tu paz,
que donde haya odio, ponga
yo amor,
que donde haya ofensa, ponga
yo perdón,
que donde haya duda, ponga
yo la fe,
que donde haya desesperación,
ponga yo esperanza
que donde haya tinieblas, ponga
yo tu luz,
que donde haya tristeza, ponga
yo alegría.

Oh Divino Maestro,
que no busque
tanto ser
consolado, como
consolar;
ser comprendido,
como comprender;
ser amado, como amar.

Porque dando es
como recibimos,
perdonando es como
somos perdonados,
Y muriendo es como
nacemos a
la vida eterna.
Amén.

Grace Before Meals
Bless us, O Lord,
and these thy gifts,
which we are about to receive
from thy bounty,
through Christ our Lord.
Amen.

The Divine Praises
Blessed be God.
Blessed be his holy name.
Blessed be Jesus Christ, true
God and true man.
Blessed be the name of Jesus.
Blessed be his most Sacred Heart.
Blessed be his most precious Blood.
Blessed be Jesus in the most
holy Sacrament of the altar.
Blessed be the Holy Spirit,
the Paraclete.
Blessed be the great Mother of
God, Mary most holy.
Blessed be her holy and
Immaculate Conception.
Blessed be her glorious
Assumption.
Blessed be the name of Mary,
Virgin and Mother.
Blessed be St. Joseph,
her most chaste spouse.
Blessed be God in his angels
and in his saints.

Grace After Meals
We give thee thanks,
for all thy benefits,
almighty God,
who lives and reigns forever.
Amen.

Prayer of Saint Francis
Lord, make me an instrument
of your peace:
where there is hatred,
let me sow love;
where there is injury, pardon;
where there is doubt, faith;
where there is despair, hope;
where there is darkness, light;
where there is sadness, joy.

O divine Master, grant that
I may not so much seek
to be consoled as to
console,
to be understood as
to understand,
to be loved as to
love.
For it is in giving that
we receive,
it is in pardoning
that we are
pardoned,
it is in dying that we
are born to eternal
life.
Amen.

Ángelus

Líder: El ángel del Señor anunció a María.

Respuesta: Y concibió por obra y gracia del Espíritu Santo.

Todos: Dios te salve, María...

Líder: He aquí la esclava del Señor.

Respuesta: Hágase en mí según tu palabra.

Todos: Dios te salve, María...

Líder: Y el Verbo de Dios se hizo carne.

Respuesta: Y habitó entre nosotros.

Todos: Dios te salve, María...

Líder: Ruega por nosotros, Santa Madre de Dios,

Respuesta: para que seamos dignos de alcanzar las promesas de Jesucristo.

Líder: Oremos.

Infunde, Señor, tu gracia en
nuestras almas, para que, los que
hemos conocido, por el anuncio
del Ángel,
la Encarnación de tu Hijo
Jesucristo,
lleguemos por los Méritos de
su Pasión y su Cruz,
a la gloria de la Resurrección.
Por Jesucristo Nuestro Señor

Todos: Amén.

El Gran Mandamiento

"Amarás al Señor tu Dios con
todo
tu corazón, con toda tu alma y
con toda tu mente.
Amarás a tu prójimo como a ti
mismo".

MATEO 22:37, 39

El Mandamiento Nuevo

Les doy un mandamiento nuevo:
que se amen los unos a los otros.
Ustedes deben amarse unos a
otros como yo los he amado.
En esto reconocerán todos que
son mis discípulos:
en que se aman unos a otros.

JUAN 13:34-35

Oración a Nuestra Señora de Guadalupe

Oh Purísima Virgen de Guadalupe alcánzame de tu Divino Hijo el perdón de mis pecados, bendición para mi trabajo, remedio a mis enfermedades y necesidades y todo lo que tu creas conveniente pedir para mi y mí familia.

Oh Santa Madre de Dios! no desprecies las súplicas que te dirigimos en nuestras necesidades, antes líbranos de todos los peligros.

Oh Virgen llena de gloria y bendición! Por Cristo Nuestro Señor, Amén.

The Angelus

Leader: The Angel of the Lord declared unto Mary,

Response: and she conceived of the Holy Spirit.

All: Hail Mary . . .

Leader: Behold the handmaid of the Lord,

Response: Be it done unto me according to your Word.

All: Hail Mary . . .

Leader: And the Word was made flesh,

Response: And dwelt among us.

All: Hail Mary . . .

Leader: Pray for us, O Holy Mother of God,

Response: That we may be made worthy of the promises of Christ.

Leader: Let us pray.

Pour forth, we beseech you, oh Lord, your grace into our hearts; that we, to whom the Incarnation of Christ your Son was made known by the message of an Angel, may by his Passion and Cross be brought to the glory of his Resurrection. Through the same Christ our Lord.

All: Amen.

The Great Commandment

"You shall love the Lord,
your God, with all your
heart, with all your soul,
and with all your mind. . . .
You shall love your neighbor as
yourself."

MATTHEW 22:37, 39

The New Commandment

[Jesus said:] "I give you a new commandment: love one another. As I have loved you, so you also should love one another. This is how all will know that you are my disciples, if you have love for one another."

JOHN 13:34-35

Prayer to Our Lady of Guadalupe

Oh pure Virgin of Guadalupe, grant me through your Son, forgiveness for my sins, blessings for my job, cure for my illnesses and needs, and all that you deem necessary that I should ask for my family.

Oh Holy Mother of God, do not disdain the pleas that we present to you in our need, but rather, deliver us from danger.

Oh Virgin full of glory and blessings! Through Christ our Lord, Amen.

Los Diez Mandamientos

1. Yo soy el Señor, tu Dios. No tendrás otros dioses fuera de mí.
2. No tomes en vano el nombre del Señor, tu Dios.
3. Acuérdate del Día del Señor, para santificarlo.
4. Respeta a tu padre y a tu madre.
5. No mates.
6. No cometas adulterio.
7. No robes.
8. No digas mentiras.
9. No codicies la mujer de tu prójimo.
10. No codicies nada que sea de tu prójimo.

Las Bienaventuranzas

"Felices los que tienen el espíritu
del pobre,
porque de ellos es el Reino de
los Cielos.
Felices los que lloran,
porque recibirán consuelo.
Felices los pacientes,
porque recibirán la tierra en
herencia.
Felices los que tienen hambre y
sed de justicia,
porque serán saciados.
Felices los compasivos,
porque obtendrán misericordia.
Felices los de corazón limpio,
porque verán a Dios.
Felices los que trabajan por la paz,
porque serán reconocidos como
hijos de Dios.
Felices los que son perseguidos
por causa del bien,
porque de ellos es el Reino de
los Cielos".

MATEO 5:3–12

The Ten Commandments

1. I am the LORD your God: you shall not have strange gods before me.
2. You shall not take the name of the LORD your God in vain.
3. Remember to keep holy the LORD's Day.
4. Honor your father and your mother.
5. You shall not kill.
6. You shall not commit adultery.
7. You shall not steal.
8. You shall not bear false witness against your neighbor.
9. You shall not covet your neighbor's wife.
10. You shall not covet your neighbor's goods.

The Beatitudes

"Blessed are the poor in spirit,
for theirs is the kingdom of heaven.
Blessed are they who mourn,
for they will be comforted.
Blessed are the meek,
for they will inherit the land.
Blessed are they who hunger and thirst for righteousness,
for they will be satisfied.
Blessed are the merciful,
for they will be shown mercy.
Blessed are the clean of heart,
for they will see God.
Blessed are the peacemakers,
for they will be called children of God.
Blessed are they who are persecuted for the sake of righteousness,
for theirs is the kingdom of heaven.
Blessed are you when they insult you and persecute you and utter every kind of evil against you [falsely] because of me. Rejoice and be glad, for your reward will be great in heaven."

MATTHEW 5:3-12

Las Obras de Misericordia Corporales

Dar de comer al hambriento.
Dar de beber al sediento.
Vestir al desnudo.
Visitar a los presos.
Dar techo a quien no lo tiene.
Visitar a los enfermos.
Enterrar a los muertos.

Las Obras de Misericordia Espirituales

Corregir al que yerra.
Enseñar al que no sabe.
Dar buen consejo al que lo necesita.
Consolar al triste.
Sufrir con paciencia los defectos de los demás.
Perdonar las injurias.
Rogar a Dios por vivos y difuntos.

Dones del Espíritu Santo

- Sabiduría
- Entendimiento
- Buen juicio (o consejo)
- Valor (o fortaleza)
- Ciencia
- Reverencia (o piedad)
- Admiración y veneración (o temor de Dios)

Virtudes Cardinales

- Prudencia
- Justicia
- Fortaleza
- Templanza

Preceptos de la Iglesia

1. Oír misa entera los domingos y demás fiestas de precepto y no realizar trabajos serviles.
2. Confesar los pecados mortales al menos una vez al año.
3. Recibir el sacramento de la Eucaristía al menos por Pascua.
4. Abstenerse y ayunar en los días establecidos por la Iglesia.
5. Ayudar a la Iglesia en sus ecesidades, cada uno según su posibilidad.

Corporal Works of Mercy

Feed people who are hungry.
Give drink to people who are thirsty.
Clothe people who need clothes.
Visit prisoners.
Shelter people who are homeless.
Visit people who are sick.
Bury people who have died.

Spiritual Works of Mercy

Help people who sin.
Teach people who are ignorant.
Give advice to people who have doubts.
Comfort people who suffer.
Be patient with other people.
Forgive people who hurt you.
Pray for people who are alive and for those who have died.

Gifts of the Holy Spirit

- Wisdom
- Understanding
- Right judgment (Counsel)
- Courage (Fortitude)
- Knowledge
- Reverence (Piety)
- Wonder and awe (Fear of the Lord)

Cardinal Virtues

- Prudence
- Justice
- Fortitude
- Temperance

Precepts of the Church

1. Participate in Mass on Sundays and holy days of obligation and rest from unnecessary work.
2. Confess sins at least once a year.
3. Receive Holy Communion at least during the Easter season.
4. Observe the prescribed days of fasting and abstinence.
5. Provide for the material needs of the Church, each according to one's abilities.

Los católicos rezan el Rosario para honrar a María y recordar los sucesos importantes en la vida de Jesús y María. Hay veinte misterios del Rosario. Sigue los pasos del 1 al 5.

Rezamos el

ROSARIO

Misterios gozosos

1. La Anunciación
2. La Visitación
3. La Natividad
4. La Presentación
5. El hallazgo de Jesús en el Templo

Misterios luminosos

1. El Bautismo de Jesús en el río Jordán
2. El milagro de Jesús en la boda de Caná
3. La proclamación del Reino de Dios
4. La Transfiguración
5. La institución de la Eucaristía

Misterios dolorosos

1. La agonía en el huerto
2. La flagelación en la columna
3. La coronación de espinas
4. La cruz a cuestas
5. La Crucifixión

Misterios gloriosos

1. La Resurrección
2. La Ascensión
3. La venida del Espíritu Santo
4. La Asunción de María
5. La Coronación de María

Catholics pray the Rosary to honor Mary and remember the important events in the lives of Jesus and Mary. There are twenty mysteries of the Rosary. Follow the steps from 1 to 5.

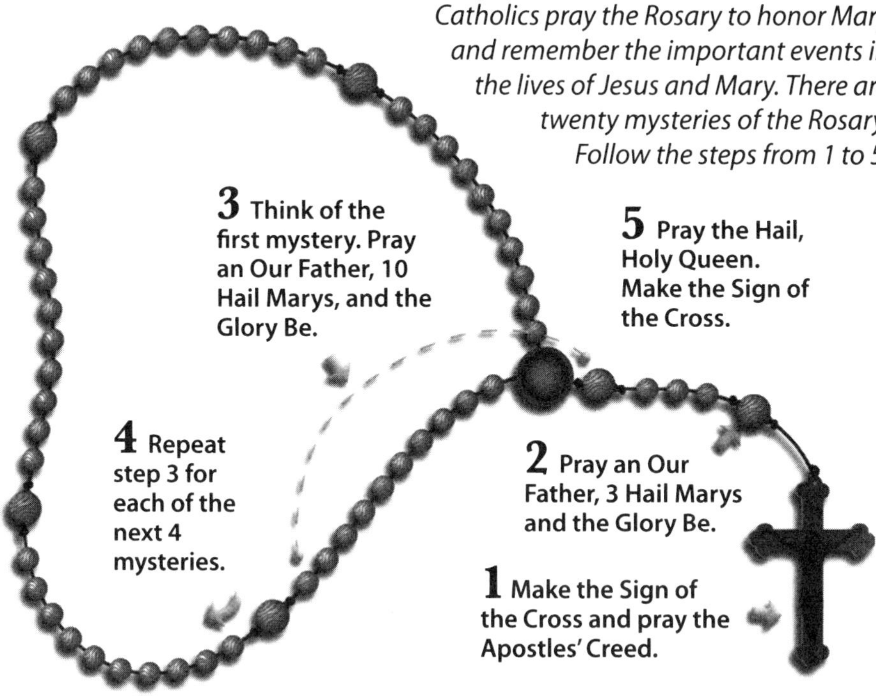

We pray the

ROSARY

Joyful Mysteries

1. The Annunciation
2. The Visitation
3. The Nativity
4. The Presentation in the Temple
5. The Finding of the Child Jesus After Three Days in the Temple

Luminous Mysteries

1. The Baptism at the Jordan
2. The Miracle at Cana
3. The Proclamation of the Kingdom and the Call to Conversion
4. The Transfiguration
5. The Institution of the Eucharist

Sorrowful Mysteries

1. The Agony in the Garden
2. The Scourging at the Pillar
3. The Crowning with Thorns
4. The Carrying of the Cross
5. The Crucifixion and Death

Glorious Mysteries

1. The Resurrection
2. The Ascension
3. The Descent of the Holy Spirit at Pentecost
4. The Assumption of Mary
5. The Crowning of the Blessed Virgin as Queen of Heaven and Earth

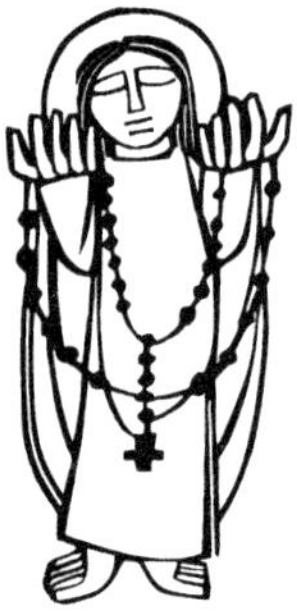

Salve Regina

Dios te salve, Reina
y Madre
de misericordia,
vida, dulzura y
esperanza nuestra;
Dios te salve.
A ti llamamos los
desterrados
hijos de Eva;
a ti suspiramos, gimiendo y
llorando en este valle de
lágrimas.
Ea, pues, Señora, abogada
nuestra,
vuelve a nosotros esos tus
ojos misericordiosos;
y después de este destierro,
muéstranos a Jesús,
fruto bendito de tu vientre.
¡Oh, clementísima, oh piadosa,
oh dulce Virgen María!

Acuérdate

Acuérdate
¡oh piadosísima, Virgen María!,
que jamás se ha oído decir
que ninguno de los que
han acudido a tu protección,
implorando tu auxilio
haya sido abandonado de ti.

Animado con esta confianza,
a ti también yo acudo,
y me atrevo a implorarte
a pesar del peso de mis pecados.

¡Oh Madre del Verbo!,
no desatiendas mis súplicas,
antes bien acógelas benignamente.
Amén

Estaciones de la Cruz

1. Jesús es condenado a muerte.
2. Jesús acepta la cruz.
3. Jesús cae por primera vez.
4. Jesús se encuentra con su Madre.
5. Simón el Cirineo ayuda a Jesús a llevar la cruz.
6. Verónica limpia el rostro de Jesús.
7. Jesús cae por segunda vez.
8. Jesús se encuentra con las mujeres de Jerusalén.
9. Jesús cae por tercera vez.
10. Jesús es despojado de sus vestiduras.
11. Jesús es clavado en la cruz.
12. Jesús muere en la cruz.
13. Jesús es bajado de la cruz.
14. Jesús en enterrado en el sepulcro.

Algunas parroquias terminan las Estaciones de la Cruz con una reflexión acerca de la Resurrección de Jesús.

Hail, Holy Queen

Hail, holy Queen,
Mother of
mercy:
Hail, our life, our
sweetness
and our hope.
To you do we cry,
poor banished
children of Eve.
To you do we send up our sighs,
mourning and weeping in this
valley of tears.
Turn then, most gracious
advocate,
your eyes of mercy toward us;
and after this our exile
show unto us the blessed fruit
of your womb, Jesus.
O clement, O loving,
O sweet Virgin Mary.

The Memorare

Remember, O most gracious Virgin Mary, that never was it known that anyone who fled to your protection, implored your help, or sought your intercession was left unaided. Inspired by this confidence, I fly unto you, O Virgin of virgins, my mother; to you do I come, before you I stand, sinful and sorrowful. O Mother of the Word Incarnate, despise not my petitions, but in your mercy hear and answer me. Amen.

Stations of the Cross

1. Jesus is condemned to death.
2. Jesus accepts his cross.
3. Jesus falls the first time.
4. Jesus meets his mother.
5. Simon helps Jesus carry the cross.
6. Veronica wipes the face of Jesus.
7. Jesus falls the second time.
8. Jesus meets the women.
9. Jesus falls the third time.
10. Jesus is stripped of his clothes.
11. Jesus is nailed to the cross.
12. Jesus dies on the cross.
13. Jesus is taken down from the cross.
14. Jesus is buried in the tomb.

Some parishes conclude the Stations by reflecting on the Resurrection of Jesus.

Principios Básicos de la

DOCTRINA SOCIAL CATÓLICA

La enseñanza de la Iglesia de la justicia social nos guía a vivir vidas de santidad y a construir una sociedad justa. Estos son los principios:

1. Toda vida humana es sagrada. La igualdad básica de todas las personas fluye de su dignidad de seres humanos y de los derechos que surgen de esa dignidad.
2. La persona humana es el principio, el objeto y sujeto de cada grupo social.
3. La persona humana ha sido creada por Dios para pertenecer y para participar en una familia y en otras comunidades sociales.
4. El respeto por los derechos de los demás surge de su dignidad como personas. La sociedad y todas las organizaciones sociales deben promover la virtud y proteger la vida human y los derechos humanos y garantizar las condiciones que promuevan el ejercicio de la libertad.
5. Las comunidades políticas y la autoridad pública están basadas en la naturaleza humana. Pertenecen a un orden establecido por Dios.
6. Toda autoridad humana debe ser usada para el bien común de la sociedad.
7. El bien común de la sociedad consiste en el respeto y la promoción de los derechos fundamentales de la persona humana, del justo desarrollo de los bienes materiales y espirituales de la sociedad y de la paz y seguridad de todos los pueblos.
8. Debemos trabajar para eliminar las desigualdades e iniquidades que existen entre las personas y para mejorar las condiciones de vida de los pueblos. Las necesidades de los pobres y vulnerables tienen prioridad.
9. Somos una familia humana y global. Debemos compartir nuestras bendiciones espirituales aún más que nuestras bendiciones materiales.

Basado en el *Catecismo de la Iglesia Católica*

Basic Principles of
CATHOLIC SOCIAL TEACHING

The Church's teaching on social justice guides us in living lives of holiness and building a just society. These principles are:

1. All human life is sacred. The basic equality of all people flows from their dignity as human persons and the rights that flow from that dignity.

2. The human person is the principle, the object, and the subject of every social group.

3. The human person has been created by God to belong to and to participate in a family and other social communities.

4. Respect for the rights of people flows from their dignity as persons. Society and all social organizations must promote virtue and protect human life and human rights and guarantee the conditions that promote the exercise of freedom.

5. Political communities and public authority are based on human nature. They belong to an order established by God.

6. All human authority must be used for the common good of society.

7. The common good of society consists of respect for and promotion of the fundamental rights of the human person; the just development of material and spiritual goods of society; and the peace and safety of all people.

8. We need to work to eliminate the sinful inequalities that exist between peoples and for the improvement of the living conditions of people. The needs of the poor and vulnerable have a priority.

9. We are one human and global family. We are to share our spiritual blessings, even more than our material blessings.

Based on the *Catechism of the Catholic Church*

Signos y Símbolos *de la* Iglesia Católica

Desde sus principios la Iglesia ha usado signos y símbolos para ayudarnos a profesar nuestra fe. Estos símbolos nos unen. Nos ayudan a entender lo que creen los católicos.

La Cruz
La cruz es uno de los símbolos que más se usa en nuestra fe. Nos recuerda que Jesús murió en la cruz y que fue resucitado de entre los muertos. Un crucifijo es una cruz con el cuerpo de Jesús puesto en ella.

El Crismón
El Crismón es un símbolo de Cristo. Proviene de las dos primeras letras del vocablo griego Cristo.

El Cirio Pascual
La vela o el cirio pascual es un símbolo de Cristo resucitado que es la Luz del mundo.

Alfa y Omega
El Alfa y el omega son la primera y última letra del alfabeto griego. Nos recuerdan que Jesús es el principio y fin de todo lo que es.

El Buen Pastor
Jesús es representado a menudo como el Buen Pastor que guía y cuida de sus ovejas. Las ovejas simbolizan a los que siguen a Cristo.

SIGNS AND SYMBOLS *of the* CATHOLIC CHURCH

From its beginning the Church used signs and symbols to help us profess our faith. These symbols unite us. They help us understand what Catholics believe.

Cross
The Cross is one of the most widely used symbols of our faith. It reminds us that Jesus died on the Cross and was raised from the dead. A crucifix is a Cross with Jesus' body fixed to it.

Chi-Rho
The Chi-Rho is a symbol for Christ. It comes from the first two letters of the Greek word for Christ.

Paschal Candle
The Paschal candle, also called the Easter candle, is a symbol of the Risen Christ who is the Light of the world.

Alpha and Omega
Alpha and Omega are the first and last letters of the Greek alphabet. They remind us that Jesus is the beginning and end of everything that is.

The Good Shepherd
Jesus is often represented as the Good Shepherd who leads and cares for his sheep. The sheep symbolize those who follow Christ.

Los Siete Sacramentos

Jesús le dio a la Iglesia los Siete Sacramentos. Los sacramentos son los signos litúrgicos más importantes de la Iglesia. Hacen que esté presente entre nosotros el Misterio Pascual de Jesús, quien es el principal celebrante de cada sacramento. Nos hacen partícipes de la obra de salvación Cristo y de la vida de la Santísima Trinidad.

LOS SACRAMENTOS DE INICIACIÓN

Bautismo

A través del Bautismo, nos unimos a Cristo y nos hacemos miembros del Cuerpo de Cristo, la Iglesia. Renacemos como hijos adoptivos de Dios y recibimos el don de Espíritu Santo. Se nos perdonan el Pecado Original y todos los pecados personales.

Confirmación

La Confirmación completa el Bautismo. En este sacramento, el don del Espíritu Santo nos fortalece para vivir nuestro Bautismo.

Eucaristía

Participar de la Eucaristía nos une más plenamente a Cristo y a la Iglesia. Participamos del sacrificio único de Cristo. El pan y el vino se convierten en el Cuerpo y la Sangre de Cristo a través del poder del Espíritu Santo y las palabras del sacerdote. Recibimos el Cuerpo y la Sangre de Cristo.

SACRAMENTOS DE CURACIÓN

Reconciliación

A través del ministerio del sacerdote, recibimos el perdón de Dios por los pecados que cometimos después del Bautismo. Necesitamos confesar todos nuestros pecados mortales.

Unción de los Enfermos

La Unción de los Enfermos talece la fe y confianza en Dios de quienes están gravemente enfermos, debilitados por su edad avanzada o de los moribundos.

The Seven Sacraments

Jesus gave the Church the Seven Sacraments. The Sacraments are the main liturgical signs of the Church. They make the Paschal Mystery of Jesus, who is always the main celebrant of each Sacrament, present to us. They make us sharers in the saving work of Christ and in the life of the Holy Trinity.

SACRAMENTS OF INITIATION

Baptism

Through Baptism we are joined to Christ and become members of the Body of Christ, the Church. We are reborn as adopted children of God the Father and receive the gift of the Holy Spirit. Original Sin and all personal sins are forgiven.

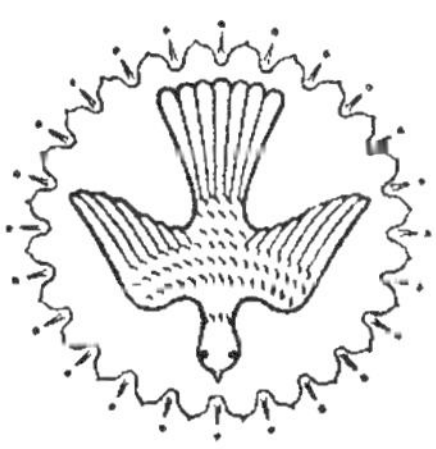

Confirmation

Confirmation completes Baptism. In this Sacrament the gift of the Holy Spirit strengthens us to live our Baptism.

Eucharist

Sharing in the Eucharist joins us most fully to Christ and to the Church. We share in the one sacrifice of Christ. The bread and wine become the Body and Blood of Christ through the power of the Holy Spirit and the words of the priest. We receive the Body and Blood of Christ.

SACRAMENTS OF HEALING

Penance and Reconciliation

Through the ministry of the priest we receive forgiveness of sins committed after our Baptism. We need to confess all mortal sins.

Anointing of the Sick

Anointing of the Sick strengthens our faith and trust in God when we are seriously ill, dying, or weak because of old age.

SACRAMENTOS AL SERVICIO DE LA COMUNIDAD

Orden Sagrado

Por medio del Orden Sagrado, un hombre bautizado es consagrado para servir a toda la Iglesia como obispo, sacerdote o diácono en el nombre de Cristo. Los obispos, que son los sucesores de los Apóstoles, reciben este sacramento más plenamente. Se los consagra para enseñar el Evangelio, dirigir a la Iglesia en la adoración de Dios y guiar a la Iglesia para vivir vidas santas. Para hacer su trabajo, los obispos reciben la ayuda de sus colegas, los sacerdotes, y de los diáconos.

Matrimonio

El Matrimonio une a un hombre bautizado y a una mujer bautizada en un acuerdo mutuo de toda la vida de amarse fielmente para honrarse siempre y de aceptar el don de Dios de los hijos. En este sacramento, la pareja casada se consagra para ser un signo del amor de Dios por la Iglesia.

El RITO PENITENCIAL Y RECONCILIACIÓN

Rito Individual

- Saludo
- Lectura de la escritura
- Confesión de los Pecados y aceptación de la penitencia
- Acto de contrición
- Absolución
- Oración Final

Rito Comunitario

- Saludo
- Lectura de la escritura
- Homilía
- Examen de conciencia con letanía de contrición y Padre Nuestro
- Confesión de los Pecados y aceptación de la penitencia
- Confesión individual y absolución
- Oración Final

SACRAMENTS AT THE SERVICE OF COMMUNION

Holy Orders

Through Holy Orders a baptized man is consecrated to serve the whole Church as a bishop, priest, or deacon in the name of Christ. Bishops, who are the successors of the Apostles, receive this Sacrament most fully. They are consecrated to teach the Gospel, to lead the Church in the worship of God, and to guide the Church to live holy lives. Bishops are helped by priests, their coworkers, and by deacons in their work.

Matrimony

Matrimony unites a baptized man and a baptized woman in a lifelong bond of faithful love to always honor each other and to accept the gift of children from God. In this Sacrament the married couple is consecrated to be a sign of Christ's love for the Church.

The RITE *of* PENANCE AND RECONCILIATION

Individual Rite

- Greeting
- Scripture Reading
- Confession of Sins and Acceptance of Penance
- Act of Contrition
- Absolution
- Closing Prayer

Communal Rite

- Greeting
- Scripture Reading
- Homily
- Examination of Conscience with a litany of contrition and the Lord's Prayer
- Individual Confession and Absolution
- Closing Prayer

Celebramos la Misa

Los Ritos Iniciales

Recordamos que somos la comunidad de la Iglesia. Nos preparamos para escuchar la Palabra de Dios y celebrar la Eucaristía.

Rito de Entrada

Nos ponemos de pie mientras el sacerdote, el diácono y los otros ministros entran a la asamblea. Cantamos un canto entrada. El sacerdote y el diácono besan el altar. El sacerdote luego se dirige a la sede desde donde preside la celebración.

Señal de la Cruz y saludo

El sacerdote hace la Señal de la Cruz. El sacerdote saluda, y decimos: **"Y con tu espíritu."**

Acto Penitencial

Admitimos nuestras faltas y bendecimos al Señor por su misericordia.

Gloria

Gloria a Dios en el cielo,
y en la tierra paz a los hombres
que ama el Señor.

Por tu inmensa gloria te
alabamos,
te bendecimos, te adoramos,
te glorificamos, te damos gracias,
Señor Dios, Rey celestial,
Dios Padre todopoderoso Señor,
Hijo único, Jesucristo.

Señor Dios, Cordero de Dios,
Hijo del Padre;
tú que quitas el pecado del
mundo,
ten piedad de nosotros;
tú que quitas el pecado del
mundo,
atiende nuestra súplica;
tú que estás sentado a la derecha
del Padre,
ten piedad de nosotros;
porque sólo tú eres Santo,
sólo tú Señor, sólo tú Altísimo,
Jesucristo,
con el Espíritu Santo en la gloria
de Dios Padre.

Amén.

We Celebrate the Mass

The Introductory Rites

We remember that we are the community of the Church. We prepare to listen to the Word of God and to celebrate the Eucharist.

The Entrance

We stand as the priest approaches the altar with the deacon, and other ministers. We sing a gathering song. The priest and deacon kiss the altar. The priest then goes to the chair where he presides over the celebration.

Sign of the Cross and Greeting

The priest leads us in praying the Sign of the Cross. The priest greets us, and we say, **"And with your spirit."**

The Penitential Act

We admit our wrongdoings. We bless God for his mercy.

Gloria

Glory to God in the highest,
and on earth peace to people
of good will.

We praise you,
we bless you,
we adore you,
we glorify you,
we give you thanks for your
great glory,
Lord God, heavenly King,
O God, almighty Father.

Lord Jesus Christ, Only
Begotten Son,
Lord God, Lamb of God, Son
of the Father,
you take away the sins of
the world,
have mercy on us;
you take away the sins of
the world,
receive our prayer;
you are seated at the right
hand of the Father,
have mercy on us.

For you alone are the Holy One,
you alone are the Lord,
you alone are the Most High,
Jesus Christ,
with the Holy Spirit,
in the glory of God the Father.
Amen.

Oración Colecta
El sacerdote hace la oración colecta y respondemos **"Amén."**

LITURGIA *de la* PALABRA

Dios nos habla hoy. Escuchamos y respondemos a la Palabra de Dios.

La Primera Lectura
Nos sentamos y escuchamos mientras el lector lee del Antiguo Testamento o de los Hechos de los Apóstoles. El lector concluye: "Palabra del Dios." Respondemos: **"Te alabamos Señor."**

El Salmo Responsorial
El cantor nos dirige a cantar un salmo.

La Segunda Lectura
El lector lee el Nuevo Testamento, pero no de los cuatro Evangelios. El lector concluye: "Palabra de Dios." Respondemos, **"Te alabamos Señor."**

Aclamación antes del Evangelio
Nos ponemos de pie para honrar a Cristo presente entre nosotros en el Evangelio. El cantor nos dirige a cantar **"Aleluya, Aleluya, Aleluya"** u otro canto durante la Cuaresma.

El Evangelio
El diácono o sacerdote proclama: "Lectura del santo Evangelio según (nombre del Evangelista)." Nosotros respondemos: **"Gloria a ti, Señor."** Proclama el Evangelio. Al final, dice, "Palabra del Señor." Respondemos: "Gloria a ti, Señor Jesús."

La homilía
Nos sentamos. El sacerdote o el diácono predica la homilía. Él ayuda a toda la comunidad a entender la Palabra de Dios que se nos comunicó en las lecturas.

The Collect
The priest leads us in praying the Collect. We respond, **"Amen."**

The LITURGY *of the* WORD

God speaks to us today. We listen and respond to God's Word.

The First Reading
We sit and listen as the reader reads from the Old Testament or from the Acts of the Apostles. The reader concludes, "The word of the Lord." We respond, **"Thanks be to God."**

The Responsorial Psalm
The cantor leads us in singing a psalm.

The Second Reading
The reader reads from the New Testament, but not from the four Gospels. The reader concludes, "The word of the Lord." We respond, **"Thanks be to God."**

Acclamation
We stand to honor Christ present with us in the Gospel. The cantor leads us in singing **"Alleluia, Alleluia, Alleluia"** or another chant during Lent.

The Gospel
The deacon or priest proclaims, "A reading from the holy Gospel according to (name of Gospel writer)." We respond, **"Glory to you, O Lord."** He proclaims the Gospel. At the end, he says, "The Gospel of the Lord." We respond, **"Praise to you, Lord Jesus Christ."**

The Homily
We sit. The priest or deacon preaches the homily. He helps the whole community understand the Word of God spoken to us in the readings.

La Profesión de Fe

Nos ponemos de pie y profesamos nuestra fe. Rezamos juntos el Credo de Nicea.

El Credo de Nicea

Creo en un solo Dios,
Padre Todopoderoso, Creador
del cielo y de la tierra, de todo lo visible y lo invisible.
Creo en un solo Señor,
Jesucristo, Hijo único de Dios,
nacido del Padre antes de todos los siglos:
Dios de Dios, Luz de Luz,
Dios verdadero de Dios verdadero,
engendrado, no creado,
de la misma naturaleza del Padre,
por quien todo fue hecho;
que por nosotros, los hombres,
y por nuestra salvación bajó del cielo,

(En las palabras que siguen, hasta se hizo hombre, *todos se inclinan.)*

y por obra del Espíritu Santo
se encarnó de María, la Virgen, y se hizo hombre;
y por nuestra causa fue rucificado
en tiempos de Poncio Pilato,
padeció y fue sepultado,
y resucitó al tercer día, según las Escrituras,
y subió al cielo, y está sentado
a la derecha del Padre;
y de nuevo vendrá con gloria
para juzgar a vivos y muertos,
y su reino no tendrá fin.
Creo en el Espíritu Santo, Señor y dador de vida,
que procede del Padre y del Hijo,
que con el Padre y el Hijo
recibe una misma adoración y gloria,
y que habló por los profetas.
Creo en la Iglesia,
que es una, santa, católica y apostólica.
Confieso que hay un solo bautismo
para el perdón de los pecados.
Espero la resurrección de los muertos
y la vida del mundo futuro.
Amén.

En lugar del Credo Niceno Constantinopolitano, especialmente durante el tiempo de Cuaresma y Pascua y, el Símbolo bautismal de la Iglesia de Roma, conocido como el Credo de los Apóstoles, se puede utilizar.

The Profession of Faith

We stand and profess our faith. We pray the Nicene Creed together.

Nicene Creed

I believe in one God,
the Father almighty,
maker of heaven and earth,
of all things visible and
invisible.

I believe in one Lord Jesus
Christ,
the Only Begotten Son of God,
born of the Father before all
ages.
God from God, Light from
Light,
true God from true God,
begotten, not made,
consubstantial with the Father;
through him all things were
made.
For us men and for our
salvation
he came down from heaven,

(At the words that follow, up to and including and became man, *all bow.)*

and by the Holy Spirit
was incarnate of the
Virgin Mary,
and became man.

For our sake he was crucified
under Pontius Pilate,
he suffered death and was
buried,
and rose again on the third day
in accordance with the
Scriptures.
He ascended into heaven
and is seated at the right hand
of the Father.
He will come again in glory
to judge the living and the
dead
and his kingdom will have
no end.

I believe in the Holy Spirit, the
Lord, the giver of life,
who proceeds from the Father
and the Son,
who with the Father and the
Son is adored and glorified,
who has spoken through the
prophets.

I believe in one, holy, catholic
and apostolic Church.
I confess one Baptism
for the forgiveness of sins
and I look forward to the
resurrection of the dead
and the life of the world to
come. Amen.

Instead of the Niceno-Constantinopolitan Creed, especially during Lent and Easter Time, the baptismal Symbol of the Roman Church, known as the Apostles' Creed, may be used.

El Credo de los Apóstoles

Creo en Dios, Padre
Todopoderoso,
Creador del cielo y de la tierra.
Creo en Jesucristo, su único Hijo,
Nuestro Señor,

(En las palabras que siguen, hasta María Virgen, *todos se inclinan.)*

que fue concebido por obra y
gracia
del Espíritu Santo,
nació de Santa María Virgen,
padeció bajo el poder de
Poncio Pilato,
fue crucificado, muerto y
sepultado,
descendió a los infiernos,
al tercer día resucitó de entre
los muertos,
subió a los cielos
y está sentado a la derecha de
Dios, Padre todopoderoso.
Desde allí ha de venir a juzgar a
vivos y muertos.
Creo en el Espíritu Santo,
la santa Iglesia católica,
la comunión de los santos,
el perdón de los pecados,
la resurrección de la carne
y la vida eterna.
Amén.

La Oración de los Fieles

El sacerdote nos dirige en oración por la Iglesia y sus líderes, por nuestro país y sus líderes, por nosotros y por los demás, los enfermos los que han muerto. Podemos responder a cada oración de varias maneras. Una forma de responder es: **"Señor, escucha nuestra oración."**

LITURGIA *de la* EUCARISTÍA

Nos unimos con Jesús y el Espíritu Santo para dar gracias y alabar a Dios Padre.

Preparación del altar y las ofrendas

Nos sentamos mientras el altar se prepara y se hace la colecta. Compartimos nuestras bendiciones con la comunidad de la Iglesia y sobre todo con los necesitados. El cantor nos puede dirigir en canto. Las ofrendas de pan y vino son llevadas al altar.

El sacerdote levanta el pan y bendice a Dios por todos sus dones. Reza: "Bendito seas, Señor, Dios del universo,. . ." Nosotros respondemos: **"Bendito seas por los siempre, Señor."**

Apostles' Creed

I believe in God,
the Father almighty,
Creator of heaven and earth, and
in Jesus Christ,
his only Son, our Lord,
(At the words that follow, up to and including the Virgin Mary, *all bow.)*

who was conceived by the
Holy Spirit,
born of the Virgin Mary,
suffered under Pontius Pilate,
was crucified, died and was
buried;
he descended into hell;
on the third day he rose again
from the dead;
he ascended into heaven,
and is seated at the right hand
of God the Father almighty;
from there he will come to
judge the living and the dead.

I believe in the Holy Spirit,
the holy catholic Church,
the communion of saints,
the forgiveness of sins,
the resurrection of the body,
and life everlasting. Amen.

The Prayer of the Faithful

The priest leads us in praying for our Church and its leaders, for our country and its leaders, for ourselves and others, for the sick and those who have died. We can respond to each prayer in several ways. One way we respond is, **"Lord, hear our prayer."**

The LITURGY *of the* EUCHARIST

We join with Jesus and the Holy Spirit to give thanks and praise to God the Father.

The Preparation of the Altar and Gifts

We sit as the altar is prepared and the collection is taken up. We share our blessings with the community of the Church and especially with those in need. The cantor may lead us in singing a song. The gifts of bread and wine are brought to the altar.

The priest lifts up the bread and blesses God for all our gifts. He prays, "Blessed are you, Lord God of all creation, . . ." We respond, **"Blessed be God for ever."**

El sacerdote levanta la copa de vino y reza: "Bendito seas, Señor, Dios del universo,. . ." Nosotros respondemos: **"Bendito seas por siempre, Señor."**

El sacerdote nos invita a rezar "Oren hermanos, para que este sacrificio, mío y vuestro, sea agradable a Dios, Padre todopoderoso."

Nos ponemos de pie y respondemos
"El Señor reciba de tus manos este sacrificio, para alabanza y gloria de su nombre, para nuestro bien y el de toda su santa Iglesia."

Oración sobre las ofrendas
El sacerdote hace la oración sobre las ofrendas. Nosotros respondemos: **"Amén."**

Prefacio
El sacerdote nos invita a unirnos en oración a la gran plegaria de la Iglesia de alabanza y acción de gracias a Dios Padre.

Sacerdote: "El Señor este con ustedes."
Asamblea: "Y con tu espíritu."
Sacerdote: "Levantemos el corazón."
Asamblea: "Lo tenemos levantado hacia el Señor."
Sacerdote: "Demos gracias al Señor nuestro Dios."
Asamblea: "Es justo y necesario."

Después de que el sacerdote canta o reza en voz alta el prefacio, nos unimos a aclamando,

Asamblea: "Santo, Santo, Santo es el Señor, Dios del universo, llenos están el cielo y la tierra de tu gloria. ¡Hosanna en el cielo! ¡Bendito el que viene en nombre del Señor! ¡Hosanna en el cielo!"

La Plegaria Eucarística
El sacerdote se dirige a la asamblea orando la Plegaria Eucarística. Pedimos al Espíritu Santo que santifique nuestras ofrendas de pan y vino y que se conviertan en el Cuerpo y la Sangre de Jesús. Recordamos lo que pasó en la Última Cena. El pan y el vino se convierten en el Cuerpo y la Sangre del Señor.

Jesús está real y verdaderamente presente bajo las especies de pan y del vino. El sacerdote canta o dice en voz alta: "Este es el Sacramento de nuestra fe." Respondemos con esta u otra aclamación utilizado por la Iglesia,

The priest lifts up the cup of wine and prays, "Blessed are you, Lord God of all creation, . . ."
We respond, **"Blessed be God for ever."**

The priest invites us, "Pray, brethren (brothers and sisters), that my sacrifice and yours may be acceptable to God, the almighty Father."

We stand and respond,
"May the Lord accept the sacrifice at your hands
for the praise and glory of his name,
for our good
and the good of all his holy Church."

The Prayer over the Offerings

The priest leads us in praying the Prayer over the Offerings. We respond, **"Amen."**

Preface

The priest invites us to join in praying the Church's great prayer of praise and thanksgiving to God the Father.

Priest: "The Lord be with you."
Assembly: "And with your spirit."
Priest: "Lift up your hearts."
Assembly: "We lift them up to the Lord."
Priest: "Let us give thanks to the Lord our God."
Assembly: "It is right and just."

After the priest sings or prays aloud the Preface, we acclaim,
"Holy, Holy, Holy Lord God of hosts.
Heaven and earth are full of your glory.
Hosanna in the highest.
Blessed is he who comes in the name of the Lord.
Hosanna in the highest."

The Eucharistic Prayer

The priest leads the assembly in praying the Eucharistic Prayer. We call upon the Holy Spirit to make our gifts of bread and wine holy and that they become the Body and Blood of Jesus. We recall what happened at the Last Supper. The bread and wine become the Body and Blood of the Lord.

Jesus is truly and really present under the appearances of bread and wine. The priest sings or says aloud, "The mystery of faith." We respond using this or another acclamation used by the Church,

"Anunciamos tu muerte, Señor, y proclamamos tu resurrección, ven, Señor Jesús."

El sacerdote reza por la Iglesia. Ora por los vivos y los muertos.

Doxología
El sacerdote concluye la Plegaria Eucarística. Él canta o reza en voz alta,
"Por Cristo, con él, y en él,
A ti Dios, Padre omnipotente,
en la unidad del Espíritu Santo,
todo honor y toda gloria,
por los siglos de los siglos."
Nosotros respondemos: **"Amén."**

RITO *de* COMUNIÓN

Padre Nuestro
Rezamos juntos el Padre Nuestro

La Señal de la Paz
El sacerdote nos invita a compartir un signo de paz, diciendo: "La paz del Señor esté siempre con ustedes."
Nosotros respondemos:
"Y con tu espíritu."
Compartimos un signo de la paz.

La Fracción del Pan
El sacerdote parte la hostia, el pan consagrado. Cantamos o rezar en voz alta,

**"Cordero de Dios, que quitas el pecado del mundo,
ten piedad de nosotros.
Cordero de Dios, que quitas el pecado del mundo,
ten piedad de nosotros.
Cordero de Dios, que quitas el pecado del mundo,
danos la paz."**

Comunión
El sacerdote alza la hostia y dice en voz alta, "Este es el Cordero de Dios, que quita el pecado del mundo. Dichosos los invitados a la cena del Señor."

Nos unimos a él y decimos,
"Señor, no soy digno de que entres en mi casa, pero una palabra tuya bastará para sanarme."

El sacerdote recibe Comunión. A continuación, el diácono, los ministros extraordinarios de la Sagrada Comunión, y los miembros de la asamblea reciben la Comunión.

"We proclaim your Death, O Lord, and profess your Resurrection until you come again."

The priest then prays for the Church. He prays for the living and the dead.

Doxology

The priest concludes the praying of the Eucharistic Prayer. He sings or prays aloud,
"Through him, and with him,
and in him,
O God, almighty Father,
in the unity of the Holy Spirit,
all glory and honor is yours,
for ever and ever."
We respond, **"Amen."**

The COMMUNION RITE

The Lord's Prayer

We pray the Lord's Prayer.

The Sign of Peace

The priest invites us to share a sign of peace, saying, "The peace of the Lord be with you always." We respond, **"And with your spirit."** We share a sign of peace.

The Fraction, or the Breaking of the Bread

The priest breaks the host, the consecrated bread. We sing or pray aloud,

**"Lamb of God, you take
away the sins of the world,
have mercy on us.
Lamb of God, you take away
the sins of the world,
have mercy on us.
Lamb of God, you take away
the sins of the world,
grant us peace."**

Communion

The priest raises the host and says aloud, "Behold the Lamb of God, behold him who takes away the sins of the world. Blessed are those called to the supper of the Lamb."

We join with him and say,
"Lord, I am not worthy that you should enter under my roof, but only say the word and my soul shall be healed."

The priest receives Communion. Next, the deacon, the extraordinary ministers of Holy Communion, and the members of the assembly receive Communion.

El sacerdote, diácono o el ministro extraordinario de la Sagrada Comunión sostiene la hostia. Nos inclinamos y el sacerdote, diácono, o ministro extraordinario de la Sagrada Comunión, dice: "El Cuerpo de Cristo". Nosotros respondemos: **"Amén."** A continuación, recibimos la hostia consagrada en la mano o en la lengua.

Si vamos a recibir la Sangre de Cristo, el sacerdote, el diácono, o ministro extraordinario de la Sagrada Comunión sostiene la copa que contiene el vino consagrado. Nos inclinamos y el sacerdote, diácono o ministro extraordinario de la Sagrada Comunión, dice, "La Sangre de Cristo." Nosotros respondemos: **"Amén."** Tomamos la copa en la mano y bebemos de ella.

Oración después de la Comunión

Nos ponemos de pie mientras el sacerdote nos invita a orar, diciendo: "Oremos". Reza la Oración después de Comunión. Nosotros respondemos: **"Amén."**

RITO *de* CONCLUSIÓN

Somos enviados para hacer buenas obras, alabando y bendiciendo al Señor.

Saludo

Nos ponemos de pie. El sacerdote nos saluda cuando nos preparamos para partir. Él dice: "El Señor esté con ustedes." Respondemos: **"Y con tu espíritu."**

Bendición

El sacerdote o el diácono puede invitarnos, "Inclinen sus cabezas para recibir la bendición." El sacerdote nos bendice, diciendo: " La bendición de Dios todopoderoso, Padre, Hijo y Espíritu Santo." Nosotros respondemos: **"Amén."**

Despida del Pueblo

El sacerdote o el diácono nos envía, con éstas u otras palabras: "Pueden ir en paz." Nosotros respondemos: **"Demos gracias a Dios."**

Cantamos un himno. El sacerdote y el diácono besan el altar. El sacerdote, diácono, y otros ministros se inclinan ante el altar y salen en procesión.

The priest, deacon, or extraordinary minister of Holy Communion holds up the host. We bow and the priest, deacon, or extraordinary minister of Holy Communion says, "The Body of Christ." We respond, **"Amen."** We then receive the consecrated host in our hand or on our tongue.

If we are to receive the Blood of Christ, the priest, deacon, or extraordinary minister of Holy Communion holds up the cup containing the consecrated wine. We bow and the priest, deacon, or extraordinary minister of Holy Communion says, "The Blood of Christ." We respond, **"Amen."** We take the cup in our hands and drink from it.

The Prayer after Communion

We stand as the priest invites us to pray, saying, "Let us pray." He prays the Prayer after Communion. We respond, **"Amen."**

The Concluding Rites

We are sent forth to do good works, praising and blessing the Lord.

Greeting

We stand. The priest greets us as we prepare to leave. He says, "The Lord be with you." We respond, **"And with your spirit."**

Blessing

The priest or deacon may invite us, "Bow down for the blessing." The priest blesses us, saying, "May almighty God bless you, the Father, and the Son, and the Holy Spirit." We respond, **"Amen."**

Dismissal of the People

The priest or deacon sends us forth, using these or similar words, "Go and announce the Gospel of the Lord." We respond, **"Thanks be to God."**

We sing a hymn. The priest and the deacon kiss the altar. The priest, deacon, and other ministers bow to the altar and leave in procession.

GLORIFICAD *al* SEÑOR
con VUESTRA VIDA.
PODÉIS *ir en* PAZ.

Rito de Conclusión, Misal Romano

GO *in* PEACE,
GLORIFYING *the* LORD
by your LIFE.

Concluding Rites, Roman Missal